Sonhe alto, meu **Bebê**
livro-álbum

Especialmente feito para

_____

_____

Escrito por

_____

_____

Esta é a data em que nosso mundo mudou porque descobrimos que você estava vindo:

_____

_____

Quando soubemos de você, nos sentimos...

A data em que sentimos seu primeiro chute foi

_____

Cole aqui uma foto deste dia especial!

Foi mágico!

Nossa preciosa barriguinha!

Cole aqui uma foto.

A data do seu nascimento estava prevista para

_____

Esta foi a primeira vez que vimos você:

Cole aqui uma foto
do seu primeiro ultrassom.

Nós adoramos vê-lo crescer!

Cole aqui uma foto
do seu segundo ultrassom.

Estávamos tão animados preparando tudo para a sua chegada.

Cole aqui uma foto.

Fizemos tudo com muito amor e zelo...

Cole aqui fotos, lista de planos, amostras de tecidos, etc...

Você nasceu no dia

....

O local do seu nascimento foi

....
....

Seus olhos eram

....

Seu cabelo era

....

Você nasceu às

Seu peso

....

Você tinha .... centímetros.

Esta foi sua primeira foto:

Cole aqui uma foto.

Bem-vindo ao mundo!

Nós decidimos chamá-lo de

Nós lhe demos esse
nome especial porque

_____

_____

_____

_____

_____

Este é "você" quando foi para casa!

Cole aqui uma foto.

Você foi para nosso "lar, doce lar" de

....

Este foi seu primeiro endereço:

....

....

Você morou com

....

....

Você se tornou um pequeno milagre em nossos braços!

E trouxe muita "cor"
para nossas vidas!

Cole aqui uma foto do seu
primeiro dia em casa.

Na primeira vez que você tomou banho, você se sentiu

Nossos amigos estavam ansiosos para conhecê-lo.
Nesta foto, você está com o primeiro visitante.

Cole aqui a foto do
primeiro visitante.

Tivemos muitas aventuras divertidas.
Aqui está você em um dos seus primeiros passeios:

Cole aqui uma foto.

Seu primeiro sorriso foi em

Assim foi seu primeiro sorriso!

Cole aqui uma foto.

A primeira vez que você dormiu a noite toda foi

Seu primeiro dente nasceu em

Você aprendeu a bater palmas em

Cole aqui uma foto.

Você aprendeu a se sentar em

Cole aqui uma foto.

A primeira vez que você comeu comida sólida foi

....

A primeira vez que você fez um piquenique em família

....

Estas eram suas comidas favoritas:

....

....

Esta é uma foto sua comendo!

Cole aqui uma foto.

Nós desenhamos em volta de suas pequenas mãos e dos seus pés!

Veja que preciosos!

Você aprendeu a engatinhar em

_____

Cole aqui uma foto.

Você aprendeu a ficar de pé em

Cole aqui uma foto.

Seu primeiro aniversário!

Nós comemoramos com

_____

_____

_____

_____

No seu primeiro aniversário,
você pesava

_____

e sua medida era

_____

Aqui está você!
Você era pura felicidade!

Cole aqui uma foto.

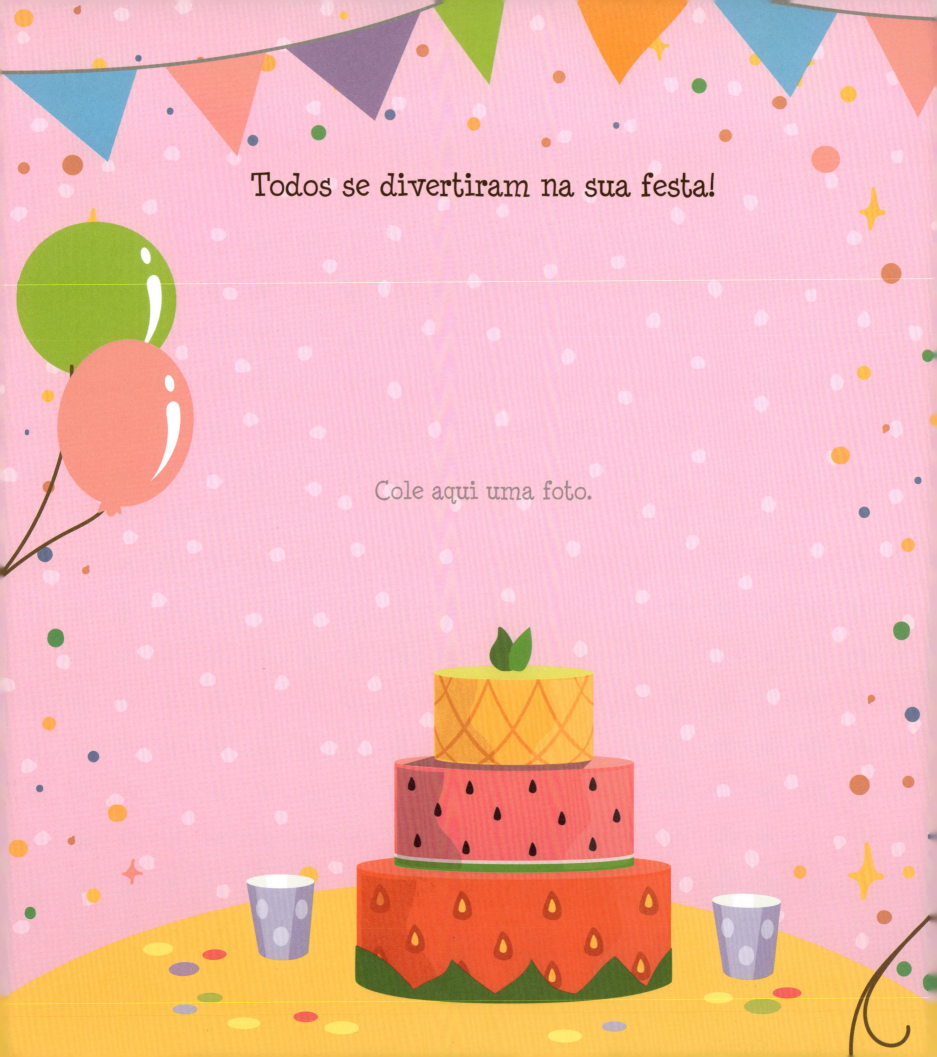

Cole aqui uma foto.

Papai e Mamãe deixaram aqui uma mensagem especial!

_____

_____

_____

_____

_____

_____

Vovós e vovôs também...

--------------------------------------- ---------------------------------------

--------------------------------------- ---------------------------------------

--------------------------------------- ---------------------------------------

--------------------------------------- ---------------------------------------

--------------------------------------- ---------------------------------------

--------------------------------------- ---------------------------------------

Cole aqui uma foto
dos avós paternos.

Cole aqui uma foto
dos avós maternos.

Curtimos muitas aventuras juntos...

Cole aqui uma foto.

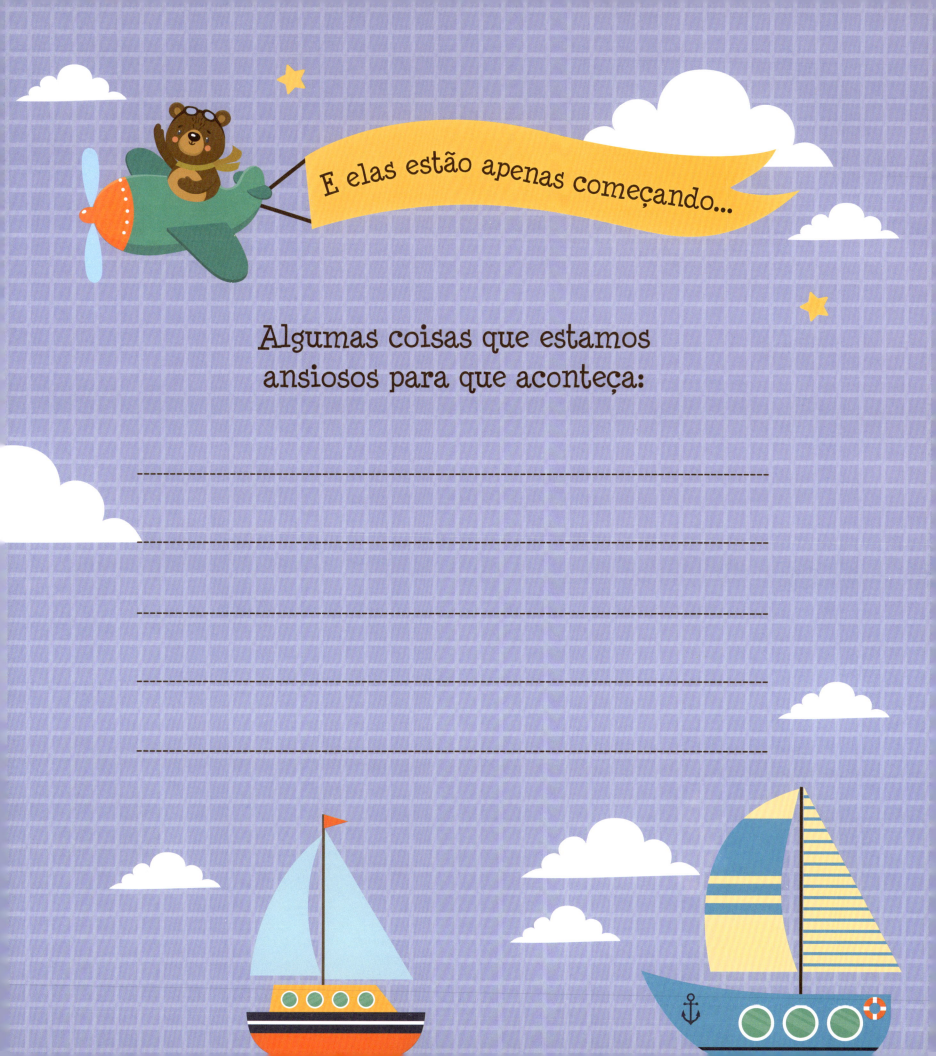

E elas estão apenas começando...

Algumas coisas que estamos ansiosos para que aconteça:

_____
_____
_____
_____
_____

Obrigado por fazer parte
da nossa família!!!

Cole aqui uma foto.

Cole aqui uma foto.

Você transformou nossas vidas!

Nós amamos você!